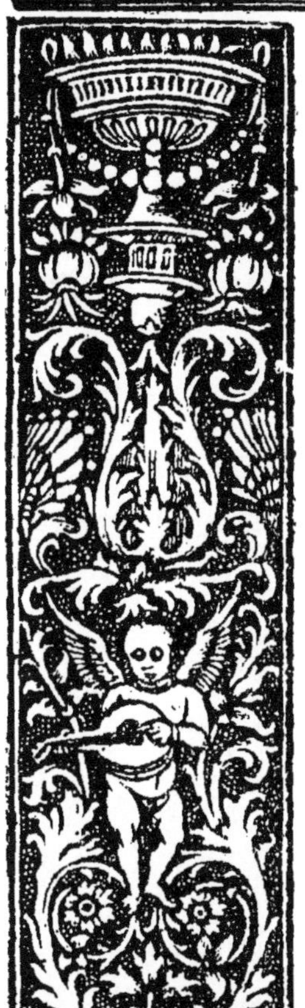

Collection de M. J. PAU

De BORT (Corrèze)

OBJETS D'ART

ET DE

HAUTE CURIOSITE

PARIS 1901

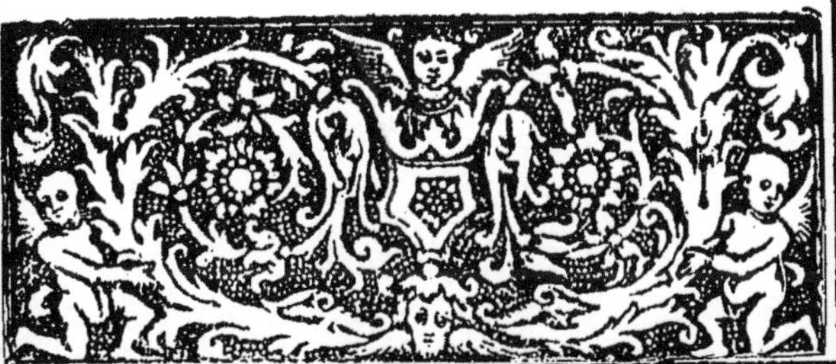

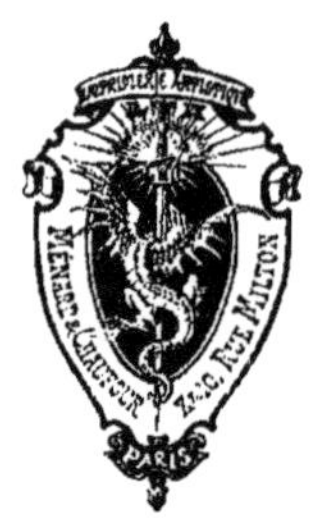
RUE MILTON
PARIS

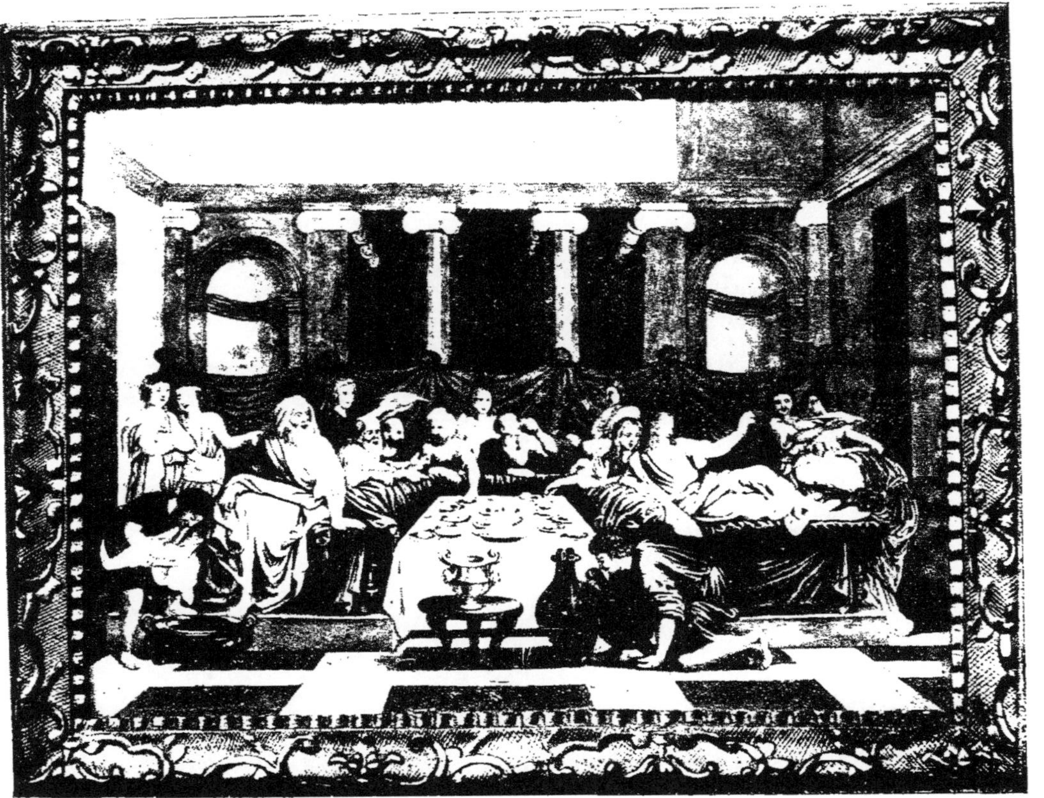

N° 174

CATALOGUE

DES

OBJETS D'ART

ET DE

HAUTE CURIOSITÉ

Faïences Anciennes

EMAUX PEINTS DE LIMOGES

PAR

J. REYMOND. — B. NOUAILHER. — J. LAUDIN

ORFÈVRERIE, OBJETS DE VITRINE

MANUSCRITS ENLUMINÉS

ORNES DE MINIATURES

Incunables

LIVRES ANCIENS ET MODERNES

Dinanderie. — Bois sculptés

TABLEAUX ANCIENS

Belle Série de sept Gouaches Anciennes

"LES SEPT SACREMENTS"

COLLECTION DE TIMBRES POSTE

MONNAIES ET MÉDAILLES

ÉTOFFES ANCIENNES

Composant la collection de M. J. PAU, de Bort (Corrèze)

et dont la VENTE aura lieu

HOTEL DROUOT, SALLE N° 10

Les Mercredi 4, Jeudi 5, Vendredi 6 et Samedi 7 Décembre 1901

A 2 HEURES 1/4

COMMISSAIRE-PRISEUR

Me Jules GUILLET

34, rue Baudin

EXPERT

M. F. CUÉREL

9, rue Eugène Sue, 9

EXPOSITION PUBLIQUE

Le Mardi 3 Décembre de 2 heures à 5 heures 1/2

LE PRÉSENT CATALOGUE

SE TROUVE A

Paris...............	Chez Me J. GUILLET, commissaire-priseur, 34, rue Baudin.
—	Chez M. F. CUÉREL, expert, 9, rue Eugène Sue.
Londres.......... ..	Chez M. F. DAVIS, 147, New Bond Street.
Francfort-sur-Mein.	Chez MM. GOLDSCHMIDT, Rorsmarkt.
Berlin..............	Chez M. GUSTAVE LÉVY 87 et 88, Wilhelmstrasse.
Munich.............	Chez M. BERNHEIMER, 3, Maximilien Platz.
Amsterdam..... ...	Chez M. J. BOASBERG, 63, Kalverstraat.

CONDITIONS DE LA VENTE

Elle sera faite au comptant.

Les acquéreurs payeront *dix pour cent* en sus des adjudications.

L'exposition mettant le public à même de se rendre compte de l'état et de la nature des objets, il ne sera admis aucune réclamation une fois l'adjudication prononcée.

IMPRIMERIE ARTISTIQUE MÉNARD ET CHAUFOUR

8-10, RUE MILTON, PARIS

ORDRE DES VACATIONS

Le Mercredi 4 Décembre 1901

Faïences	1 à 26
Etains	27 à 41
Emaux de Limoges	42 à 49
Objets de curiosité	50 à 120

Le Jeudi 5 Décembre 1901

Chasses. Bois sculptés	121 à 144
Manuscrits avec enluminures	145 à 173
Gouaches. Tableaux	174 à 200
Etoffes anciennes	201 à 212
Reliquaires	213 à 217

Le Vendredi 6 Décembre 1901

Dinanderie	218 à 280
Armes	281 à 283
Monnnaies et Médailles	488 à 549

Le Samedi 7 Décembre 1901

Livres anciens et modernes	284 à 487

La collection de M. Joseph Pau a été tout entière l'œuvre de son frère, le vénérable abbé Pau, curé doyen de Bort (Corrèze), décédé le 17 mars 1901.

Chercheur infatigable, archéologue distingué, collectionneur aussi érudit que simple et modeste, M. l'abbé Pau fut un des caractères les plus droits, un des hommes les meilleurs et les plus sincères de notre époque.

Depuis sa prêtrise il ne connut qu'un seul poste, la paroisse de Bort ; ce fut là qu'il servit pendant trente-six ans et ce fut là que la mort vint prendre, mais non surprendre, en pleine sérénité et possession de lui-même ce beau et bon pasteur.

Ses connaissances très sûres, son goût exercé lui firent surtout rechercher tout ce qui intéressait les traditions locales et historiques ; sa pensée et ses yeux étaient constamment en éveil dès qu'il entrait pour la première fois dans une maison afin d'y découvrir quelque objet intéressant et, quand cela lui était permis, il s'empressait d'en explorer minutieusement tous les coins et recoins. Aussi fit-il souvent des trouvailles inespérées et sauva-t-il de la ruine et même d'une perte totale quantité de faïences, de livres et d'émaux de grande valeur.

Ce fut ainsi qu'il commença sa collection enrichie plus tard par des achats judicieux et aussi par des dons nombreux ; car ses amis se faisaient une véritable joie de lui faire en cela des agréables surprises auxquelles, du reste, il était très sensible.

Aussi, à l'encontre de ces possesseurs indifférents chez lesquels un objet entre en étranger pour s'en aller de même, au hasard d'un caprice, l'abbé Pau ne se rassasiait-il jamais de sa collection, toujours prêt à conter l'histoire des pièces principales et à faire les honneurs de la modeste habitation qui en était tout illuminée.

Cette collection, intéressante sous tous ses aspects, contient des pièces qui sont d'un intérêt de premier ordre.

A signaler surtout les manuscrits, livres d'heures enluminés et ornés de riches miniatures des XIIIe, XIVe et XVe siècles, ainsi que les Incunables.

Les émaux peints de Limoges de Jean Reymond, B. Nouailher, J. Laudin, et qui ont pour la plupart figuré à l'Exposition de Limoges en 1886.

En orfèvrerie religieuse, il faut remarquer une croix pectorale ouvrante en filigrane d'argent, fin travail espagnol du XVIe siècle, et ornée de pierres de couleur; une croix latine en bois revêtue de feuilles d'argent, travail du XVIe siècle, provenant de l'église de Marchartel, ainsi que de nombreux reliquaires, calices, croix, châsses, custodes, etc.

Parmi les tableaux une « Descente de croix » de l'Ecole Flamande doit retenir l'attention et surtout une suite de gouaches anciennes représentant les sept sacrements.

Quant aux monnaies et médailles, une collection de médailles russes en bronze commémoratives des hauts faits de Catherine II, faite par Romme le Conventionnel, professeur à la cour de Russie du prince Paul Ostrogonoff en 1786, est du plus haut, intérêt ainsi que des monnaies impériales romaines et des monnaies royales de France en or, argent et bronze.

Sa collection et ses pauvres, c'étaient là ses deux passions.

Nous en avons dit assez pour marquer le mérite de cette collection et l'intérêt qui va s'attacher à cette vente.

C'est avec un vif regret que M. Joseph Pau se voit dans l'obligation de se séparer de toutes ces reliques, mais si les souvenirs matériels se dispersent, l'autre, l'immatériel souvenir demeure.

XXX.

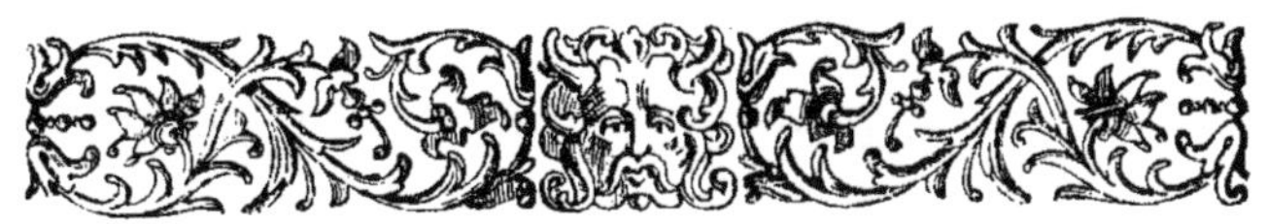

Désignation

FAIENCES ANCIENNES

1 — Saladier à fleurs. Strasbourg.

2 — Cuvette avec pot à eau. —

3 — Plat rond. —

4 — Écuelle à soupe avec son couvercle. —

5 — Théière. —

6 — Bénitier. —

7-8 — Deux huiliers, décor polychrome en terre de Marseille.

9 — Deux tasses avec soucoupe —

10 — Pot à crème Marseille

11 — Trois bouteilles —

12 — Plat à fruits en faïence de Gien.

13 — Plat rond en terre d'Auvergne.

14 — Plat décoré de roses
et de bleuets. —

15 — Saladier. —

16 — Plat ovale. —

17 — Urne de pharmacien en faïence lyonnaise.

18 — Plat à barbe décor personnages. Moustier.

19 — Plat à barbe reflets métalliques.

20 — — décor fleurettes.

21 — Soupière avec son couvercle, décor violet.

22 — Encrier décor feuillage.

23 — *Faïences diverses* : Burettes, moutardiers, soupières, assiettes, etc., (sera divisé).

24 — Six assiettes japonaises.

25 — Environ trente assiettes : Strasbourg, Moustier, etc.

26 — Environ douze plats faïences diverses.

ÉTAINS

27-28-29 — Trois écuelles à oreilles, gravées, avec leur plateau.

30 — Gobelet gravé.

31 — Deux burettes style rocaille. Louis XV.

32 — Un émouchet avec support.

33 — Neuf plats ronds armoiriés et gravés.

34 — Deux plats ovales.

35 — Etui renfermant 3 flacons pour les Saintes-Huiles.

36 — Calice avec sa patène.

37 — Deux tasses à vin.

38 — Un pichet.

39 — Trois aiguières

PLATS EN CUIVRE

40 — Plat gothique, argenté, (l'archange Saint-Michel).

41 — Plat gothique (Adam et Ève).

ÉMAUX PEINTS DE LIMOGES

42 — La Cène.

Plaque rectangulaire en émaux de couleurs, signée à gauche (J. R.). Jean Reymond, 1603.

Dimension : 0m17 ; 0m13.

Exposition de Limoges, 1886.

43 — L'Annonciation.

Plaque rectangulaire en émaux de couleurs, fond noir bleu, sujet ovale, encadrement en relief et en couleurs.

Au dos, l'inscription suivante :

Bte Nouailher, à Limoges, J. C.

Dimension : 0m17 ; 0m14.

Exposition de Limoges, 1886.

44 — Repentir de saint Pierre.

Plaque rectangulaire peinte en couleurs sur blanc, détails dorés, sujet ovale, coins rocaille sur fond bleu indécis.

Dimension : 0m13 ; 0m10.

Derniers Nouailher XVIIIe.

Exposition de Limoges, 1886.

45 — Sainte Anne et la Vierge.

Plaque peinte en couleurs, sujet rectangulaire à pans coupés, encadrement rocaille.

Dimension : 0m109 ; 0m087.

Derniers Nouailher XVIIIe.

Exposition de Limoges, 1886.

46 — Mater Dei.

Plaque en émaux de couleurs sur fond noir, rehauts, d'or sujet ovale, coins rocaille.

Dimension : 0m093 ; 0m079.

Coloration translucide.

Signé monogramme J. L.

I. LAUDIN, fin du XVIIe.

Exposition de Limoges, 1886.

47 — Tète d'Empereur romain.

Médaillon en grisaille sur fond noir, rehauts d'or, ovale.

Dimension : 0m10 ; 0m006.

Légende : Ser Galba VII.

Att. à Jacques J. LAUDIN XVIIe.

Exposition de Limoges, 1886.

48 — La Vierge et saint Pierre.

Médaillon en émaux peints.

Exposition de Limoges, 1886.

49 — Bijou en filigrane d'argent avec petit émail peint de Limoges, au centre.

OBJETS DE CURIOSITÉ

50 — Croix pectorale ouvrante, filigrane d'argent du XVIe siècle.

Travail espagnol, ornée de pierres de couleurs, émeraudes, rubis, saphirs.

51 — Croix latine en bois, revêtue de feuilles en argent repoussées en relief.

Les décors figurent des branches de rosier portant des boutons et des roses écloses à cinq pétales, travail du XVIe siècle.

Dimension : 0^m335.

52 — Calice en vermeil avec sa patène.

Décor guirlande de fleurs en émail, écusson d'argent à la tour crénelée, surmontée d'un haume de casque de guerre, de forme antique, provenant de l'archi-diocèse d'Auch.

53 — Reliquaire en vermeil du XVIIe, avec écusson sur le pied.

Trois tours surmontées de trois fleurs de Lys.

Haut. : 0^m25.

54 — Crucifix en cuivre argenté. Epoque Louis XIII.

Haut. : 0^m30.

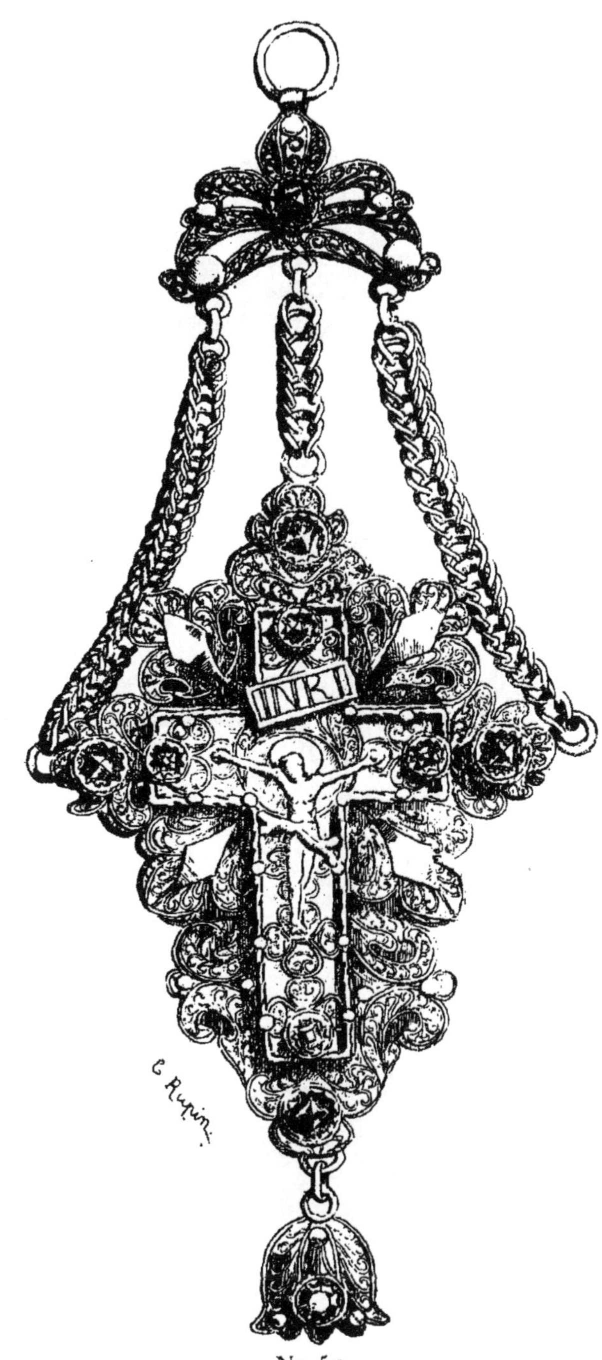

N° 50

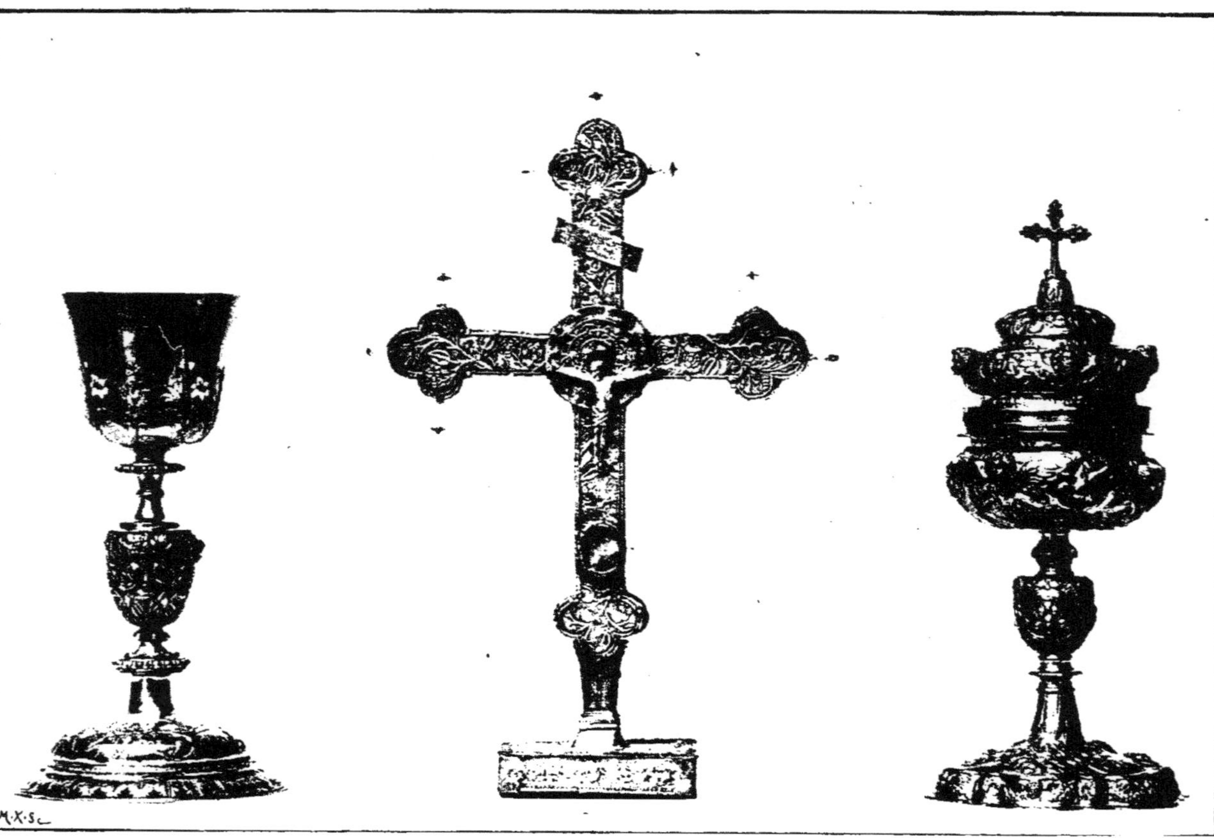

N° 52　　N° 51　　N° 50

55 — L'Annonciation.

Sujet rehaussé de couleurs. Appliques sur fond, paysage. Encadrement en cuivre repoussé et rehaussé de couleurs.

Exposition de Tulle 1887.

56 — Croix processionnelle en cuivre repoussé plaqué sur bois du XVIe.

Haut. : 0m66.

57 — Croix processionnelle en cuivre argenté et doré avec sa hampe, ornée de pierres de couleurs.

Provenant du Prieuré de Sainte-Marie du Port-Dieu, travail du XVIIe.

Haut. : 0m55.

58 — Croix processionnelle en cuivre du XVIe.

Haut. : 0m50.

59 — Custode en cuivre repoussé. Epoque Louis XIV.

Cette custode se trouvait dans le tabernacle de l'autel principal de l'église de Bort, lorsque cet édifice fut envahi par les révolutionnaires.

60 — Custode en cuivre martelé du XIVe siècle.

Exposition de Limoges 1886.

61 — Encensoir en cuivre repoussé ajouré et ciselé. Epoque Louis XIV.

62 — Encensoir en cuivre ciselé. Epoque Louis XIV.

63 — Encensoir du XIIIe, travail espagnol.

64 — Lampe en cuivre, style Renaissance du XVIIIe, trouvée à Laurie (Cantal).

65 — Bénitier en cuivre ciselé. Style Louis XV.

66 — Bénitier en cuivre surmonté de la scène du crucifiement, en cuivre ciselé, entouré d'une couronne d'épine. Style gothique.

67 — Ostensoir en cuivre argenté du XIIe.

68 — Pendulette en cuivre argenté et doré époque Louis XVI.

69 — Cadran en cuivre ciselé, heures en émail.

70 — Tasse à vin en argent (1742), au milieu le portrait de Louis XV gravé.

71 — Bonbonnière Louis XV en vermeil.

72 — Bonbonnière Louis XV en argent gravé.

73 — Navette à encens en argent ciselé.

74 — Statue de saint Jean en bronze.

75 — Médaille en argent dans un encadrement en filigrane d'argent (1756).

76 — Petit reliquaire espagnol formant chapelle en métal doré avec Christ en ivoire.

77 — Petit tryptique en cuivre ciselé.

78 — Christ en cuivre, style roman.

79 — Petit reliquaire en cuivre, surmonté d'une croix.

80 — Chapelet avec médaille encadrée d'un filigrane en argent (1756).

81 — Crucifix formant bénitier, en cuivre ciselé, du XVIe.

82 — Trois croix paysannes anciennes.

83 — Trois croix en cuivre ciselé.

84 — Fronton de pendule en cuivre ciselé.

85 — Porte-chapelet en vieil argent.

86 — Croix ouvrante ciselée sur la face, revers gravé.

87 — Croix en cuivre ciselé, au centre la Vierge.

88 — Christ de chapelet en cuivre argenté.

89 — Crucifix style roman gravé et ciselé.

90 — Crucifix en cuivre (époque Louis XIII).

91 — Trois croix en cuivre dont une formant reliquaire.

92 — Bénitier en cuivre.

93 — Petit vide-poche en cuivre ciselé avec socle, couvercle ajouré.

94 — Boucle en cuivre repoussé et argenté, travail allemand.

95 — Monture de ciseaux Louis XIII en cuivre ciselé.

96 — Petit sextan de la 2e république.

97 — 5 pièces en ivoire sculpté.

98 — 2 mouvements de montre Louis XVI et Empire.

99 — Petit vide-poche en émail cloisonné.

100 — Peinture sur verre, fleurs, dans un cadre en cuivre ajouré.

101 — Petit cadre en émail champlevé de Limoges.

102 — Girouette en fer de Jean le Bon du XIIIe siècle.

103 — Statuette de Napoléon Ier en métal sur socle en fer ciselé.

104 — Petit plateau représentant l'entrée de Louis XII à Naples.

105 — Bague en argent ciselé.

106 — Bague en fer ciselé.

107 — Trois bagues en argent avec pierres dites œil de chat.

108 — Deux bagues argent, l'une gravée, l'autre avec deux médailles formant pandeloques.

109 — Bracelet arabe en cuivre argenté.

110 — Croix en or émaillée avec pendantif.

111 — Une broche en filigrane d'argent.

112 — Une broche filigrane avec crucifix au centre.

113 — Pendantif en or.

114 — Petite croix sertie or ; autre croix en argent; médaille représentant la vierge miraculeuse de Mauriac; et broche filigranée dorée.

115 — Verre peint avec rehauts d'or, sujet Indien.

116 — Reliquaire d'Auvergne.

117 — Verre d'eau avec sa carafe en pierre de la mer Morte.

118 — Une broche monture or pierre de couleur violette transparente.

119 — Pendule marbre et cuivre doré avec chaînettes. Époque Louis XVIII.

120 — Vase en faïence allemande.

CHASSES, COFFRETS

BOIS SCULPTÉS

121 — Châsse en bois sculpté Louis XIII.

122 — — — avec ferrures fer forgé.

123 — — en cuivre argenté et repoussé.

124 — Coffret en fer forgé.

125 — Coffret Louis XIII avec garnitures cuivre.

126 — Coffret couvert de cuir et garni de fer ciselé).

127 — Armes de Bort (panneau en bois sculpté.

128 — Statuette en bois sculpté Travail espagnol, haut 0m10.

129 — 3 panneaux sculptés, style gothique

1 panneau bois doré et sculpté.

130 — Coffret en fer forgé. Epoque Louis XIII.

131 — Boite en bois sculpté.

132 — Statuette en buis sculpté (St-Jean).

133 — Statuette en bois sculpté, la Vierge tenant sur ses genoux le Christ mort.

134 — Belle statuette en bois sous sa vieille dorure.

135 — Statuette en bois (St Laurent).

136 — Morceau de panneau sculpté : l'adoration des mages.

137 — Christ sur socle en bois sculpté.

138 — La Sainte Famille, bois sculpté gothique.

139 — Colonnettes en bois sculpté.

140 — L'Adoration des mages, bois sculpté flamand.

141 — Le prophète Isaï. Panneau en bois sculpté.

142 — L'Ange Gabriel. Bois sculpté décoré.

143 — Glace avec cadre en bois sculpté Louis XIV.

144 — Glace à facettes avec cadre bois Louis XIV.

MANUSCRITS AVEC ENLUMINURES

INCUNABLES, LIVRES RARES ET LIVRES AVEC RELIURES ANCIENNES

145 — Livre d'heures du Moyen-Age sur velin avec nombreuses lettres enluminées, encadrements et 21 miniatures.

Ouvrage complet, ayant appartenu à la famille DURAN DE SAINT-CIRQUE.

Exposition de Tulle 1887.

146 — Livre d'heures du Moyen-Age.

Manuscrit sur velin petit in-4° ayant appartenu à la famille CASTEAU DU BREUIL.

Exposition de Tulle 1887.

147 — Livre d'heures du Moyen-Age.

Manuscrit sur vélin avec nombreuses enluminures et miniatures du VIXe.

Exposition de Tulle 1887.

148 — Livre précieux.

Manuscrit du XIVe siècle avec de nombreuses enluminures et une miniature.

149 — Orationes Devetissime Christo dicate Virginique.

Manuscrit sur parchemin aux armes du chevalier DE LACOUR orné de 22 miniatures.

150 — Liber precum.

Manuscrit sur parchemin du xive siècle, orné de nombreuses lettres enluminées.

151 — Insipit officium beate Maria Virginis secondum consuetudinem Romane.

Manuscrit sur velin du xve siècle avec les caractères de la Renaissance.

Exposition de Tulle 1887.

152 — Liber Precum.

Manuscrit sur parchemin avec enluminures et 2 miniatures.

153 — Psalterium.

Manuscrit sur parchemin du xve siècle.

154 — Missel.

Manuscrit sur parchemin.

Petit in-folio. Ecriture du xve siècle.

Exposition de Tulle 1887.

155 — Manuscrit sur papier.

Petit in-folio.

Ecriture gothique du xve siècle traitant des notes sur l'histoire.

Exposition de Tulle 1887.

156 — Manuscrit sur papier.

Grand in-folio.

Ecriture du xve siècle.

Notes sur l'histoire ancienne et sur le Moyen-Age.

Exposition de Tulle 1887.

157 — Heures de la Vierge.

Imprimé à Paris par Germain Nardouya en 1520, orné de 34 miniatures.
Exposition de Tulle 1887.

158 — Discours sur l'origine des armes par M. Lelaboureur.

Imprimé à Lyon MDCLXXXIV.
Reliure parchemin.

159 — Grammaire hébraïque.

Imprimé en 1525, reliure de l'époque.
Exposition de Tulle 1887.

160 — Quarta Paro totius summe maioris beati autonini.

Incunable belle reliure.

161 — Livre de sermons de Jean Raulin, né à Toulouse en 1443.

Incunable du xve siècle.
Caractères gothique, reliure ancienne.

162 — Brunorius Exposition.

Ouvrage composé par maistre Bruno.
Imprimé en l'an 1508.
Exposition de Tulle 1887.

163 — Missel provenant du monastère de Sainte-Marie du Port-Dieu, ancien diocèse de Limoges.

Ouvrage orné de nombreuses gravures sur bois.

164 — Ouvrage de prières en latin.

Caractères gothiques. Imprimé à Paris en 1520.

165 — Commentaires de la Somme de saint Thomas.

Ouvrage composé par le frère Thome de Vio Gaetani en 1511.

166 — Missel.

Imprimé en 1549.
Orné de gravures sur bois et de vignettes.
Rubriques en rouge, reliure de l'époque.

167 — Brévis Encyclopedia.

Par le frère Michel-Ange des Carmes dechaussés de Lyon MDCCV.
Manuscrit sur papier.

168 — Supplementa numismatum historium.

Ouvrage latin traduit en allemand, 1700-1709.

169 — Atlas d'Anarchaïs.

Planches de monnaies grecques.

170 — La méthode royale historique du blason avec l'origine des armes les plus illustres. MDCLXXI.

171 — Recueil des monnaies anciennes et modernes.

Imprimé à Bruxelles MDCCLXII.

172 — Histoire de la maison d'Auvergne. MDCXLV.

173 — Ouvrages anciens divers.

GOUACHES

174 — Série de gouaches représentant les Sept Sacrements.

Epoque Louis XIV en parfait état de conservation, les couleurs ont conservé toute leur fraîcheur, encadrement bois sculpté.

0m40 × 0m30.

Exposition de Tulle 1886.

PEINTURES SUR CUIVRE

175 — La Flagellation.

D'un très beau coloris XIIIe.

176 — La Vierge tenant sur ses genoux l'Enfant Jésus et lui offrant une rose.

Attribué à Simon.

177 — Saint-Jean-Baptiste ayant à côté de lui l'Agneau divin.

Encadrement de fleurs, tulipes et roses.

178 — Sainte-Catherine en costume François Ier.

Elle tient une épée de la main droite et une palme de la gauche, fond or.

Cadre en bois sculpté de l'époque.

179 — Peinture représentant le couronnement de la Vierge.

Le Christ à gauche tient un diadème au-dessus de la Vierge, à droite un prêtre prie.

Très belle composition, très harmonieuse de couleurs.

180 — La Vierge et l'Enfant Jésus étendu sur un drap blanc.

181 — Blanche de Castille.

Peinture sur cuivre du XIIIe siècle.

Couronnée, en costume d'apparat. Fond draperies réhaussé d'or.

182 — Saint-Louis.

Peinture sur cuivre formant pendant avec le no 181.

Vêtu d'un manteau d'hermine il tient son sceptre dans la main droite. Au fond le chêne de Vincennes duquel pend une draperie réhaussée d'or.

183 — Peinture sur cuivre: le Buveur de bière.

Ecole Flamande.

TABLEAUX

184 — Deux tableaux, peinture sur bois: Tête de vieillard, tête d'homme. (Ecole Flamande).

185 — Le Christ descendu de sa croix. (Attribué à Delacroix).

186 — La Vierge et l'Enfant Jésus. (Primitif).

187 — La Vierge et l'Enfant Jésus. (École du Corrége).

Cadre bois sculpté.

188 — La Fuite en Egypte.

Signé à gauche : LAFARGUE.

189 — Très belle composition, peinture à la sepia, représentant le crucifiement. Signé en bas à gauche, F. AULIN.

190 — Jésus enfant, auréolé, enseignant au monde.

Il tient la boule surmontée de la Croix dans sa main gauche, sur la gauche un coq sur un piédestal.

191 — Sainte Madeleine repentante.

Très beau cadre en bois sculpté.

192 — Portrait d'un prélat.

Cadre bois sculpté.

193 — Sainte Madeleine.

Cadre en bois sculpté.

194 — Le Christ mort descendu de la croix reposé sur les genoux de la Vierge en pleurs, les saintes femmes l'entoure.

Très beau tableau de l'école flamande, belle coloration.

Dimension : $0^{m}82$, $0^{m}62$.

195 — L'Adoration des Mages.

Tableau de l'Ecole italienne primitive.

196 — Sainte Marie l'Egyptienne.

197 — Dix-sept tableaux divers, (sera divisé).

198 — Tableau de l'école italienne.

Peinture sur panneau représentant une chasse.

199 — Un lot de gravures encadrées.

200 — La Vierge et l'Enfant Jésus.

Peinture fixée sur verre.

CUIRS, TAPISSERIES

ÉTOFFES ANCIENNES

201 — La Sainte Face.

Panneau sur cuir rehaussé d'or.

202 — Deux panneaux cuir de Cordoue repoussé.

Vases de fleurs en couleur.

203 — Saint Laurent.

Tapisserie filigranée argent.
Il tient le gril et la palme.
Dimension : 0m90, 0m70.

204-205 — Deux petites tapisseries primitives filigrane.

Trois évêques offrent le saint Suaire à l'adoration.

206 — Tapisserie primitive représentant le Sauveur du monde.

Ovale entourée de perles.

207 — Saint-François de Sales.

Travail en étoffe de l'époque de Louis XIII.

208 — Quatre Thèses imprimées sur soie xve.

209 — Cinq chasubles en étoffes anciennes, ornements d'or et d'argent.

209 *bis*. — Une chasuble fond d'étoffe rouge, étole et voile de calice broché.

210 — Treize Etoles brochées.

211 — Dix morceaux d'étoffes anciennes.

212 — Habit étoffe de soie Louis XV.

RELIQUAIRES

213 — Reliquaire espagnol avec Christ en ivoire.

Cadre bois sculpté.

214 — Croix en bois noir formant reliquaire.

215-216 — Deux reliquaires en coquillage représentant un ostensoir.

Cadre en bois.

217 — Très beau reliquaire du XIIIe siècle.

Cadre fronton bois sculpté.

DINANDERIE, CHANDELIERS

OBJETS DE VITRINE

218 — Porte-cierge en bois sculpté.

219 — Socle porte-croix, cuivre ciselé.

220 — Flambeau Louis XVI, en cuivre.

221 — Bénitier en cuivre argenté.

222 — Chandelier en cuivre argenté. Empire.

223 — Deuxchandeliers en argent, forme fuseau.

224 — Jardinière en cuivre.

225 — Navette à encens, cuivre repoussé.

226 — Lampe de poche à bougie.

227 — Chandelier forme bougeoir Louis XVI.

228 — Quatre lampes en cuivre, à huile. Auvergne.

229 — Mortier bronze. Epoque Louis XVI.

230 — Cadran solaire en cuivre.

231 — Flambeau en cuivre plaqué et gravé.

232 — Cinq flambeaux en cuivre Louis XVI.

233 — Deux porte-cierges en étain.

234 — Deux chandeliers en cuivre Henri II.

235 — Deux flambeaux en cuivre argenté et gravé Louis XVI.

236 — Un lampe en cuivre à pied.

237 — Deux chandeliers en cuivre.

238 — Deux couvre-plats en cuivre argenté et repoussé.

239 — Quatre plaques en cuivre gravées.

240 — Couteau catalan.

241 — Verre gothique en cristal teinté.

242 — Deux vases gallo-romain.

243 — Un couteau persan, poignée cuivre ciselé, lame gravée.

244 — Un coffret en pierre gravée et un socle bois sculpté et doré.

245 — Statue persanne en bois sculpté.

246 — Racine représentant un saint.

247 — Reliquaire époque Louis XVI.

248 — Quatre statuettes en bois colorié, fétiches indiens.

249 — Vitrine, insectes naturalisés.

250 — — médailles, chapelets, scapulaires, boussole, etc.

251-252 — Deux bonbonnières couvercles bois sculptés.

253 — Tabatière en corne montée cuivre.

254 — Bonbonnière avec miniature.

255 — Tabatière en corne, représentant Hippocrate refusant les présents d'Artaxercès.

256 — Boîte à briquet en métal orné d'une fleur de lys.

257 — Tabatière en bois sculpté.

258 — — corne, Atala au tombeau.

259 — Ecussons divers en étain.

260 — Vingt scels et cachets.

261 — Balance et poids pour les monnaies, trouvés à Sarroux.

262 — Deux balances anciennes pour les monnaies.

263 — Diverses clefs en fer forgé.

264 — Appliques en cuivre ciselé. Statuettes en cuivre.

265 — Un lot d'appliques ciselées.

266 — Jardinière cuivre repoussé.

267 — Poids de 2 livres de la ville de Rodez. (1632).

268 — Six christ en cuivre, un christ fer forgé, trois croix en cuivre.

269 — Petits vases en bois sculpté.

270 — Deux statuettes en bronze sur socle marbre.

271 — Statuette de Saint-Pierre en bronze.

272 — Christ bois sculpté. Époque Louis XV.

273 — Carapace. A l'intérieur une peinture ancienne : *Le Baptême du Christ.*

274 — Haches polies trouvées dans différentes fouilles faites dans les départements de la Corrèze, du Cantal, du Puy-de-Dôme, et de la Vienne.

275 — Deux têtes. Fragments de statues romaines.

276 — Lot d'objets divers : Noix des îles gravées, amulettes, presse-papier en bois d'olivier, coquillages, reproduction de poteries Gallo-romaines, etc.

277 — Tête de Christ en marbre.

278 — Scène de la Passion en albâtre.

279 — Le Calvaire. Plâtre.

280 — Ostensoir en cuivre argenté.

281 — Galilée. Statue en albâtre.

ARMES

282 — Trois pistolets.

282 *bis* — Une épée et cinq sabres.

283 — Fusil arabe crosse ivoire, batterie en cuivre gravé, fusil à piston.

BIBLIOTHÈQUE

284 — Histoire de France depuis les origines gauloises jusqu'à nos jours, par Amédée GABOURD.

Ed. par Gaume frères, Paris 1862. 20 vol. reliés.

285 — Histoire contemporaine comprenant les principaux événements qui se sont accomplis depuis la Révolution de 1830 jusqu'à nos jours, par Amédée GABOURD.

Paris, Firmin-Didot, 1874 12 vol. reliés.

286 — Histoire politique, religieuse et litté-littéraire de la France, depuis les temps les plus reculés jusqu'à nos jours, par MARY-LAFON.

Paris, Paul Mellier, 1845 4 vol. reliés.

287 — Histoire de France, par le comte de SÉGUR.

Paris, Alexis Eynecy 1824 2 vol. reliés.

288 — Histoire de la Révolution française par F. L. C. MONTJOYE.

Paris, Impr. Perronneau 1797. 2 vol. reliés.

289 — Géographie Universelle, par MALTE BRUN.

Paris, L. Vivès 1857. 8 vol. reliés.

290 — Dictionnaire Universel d'histoire naturelle, par Ch. d'ORBIGNY.

Paris, Houssiaux 1861. 16 vol. reliés.

291 — Revue hebdomadaire du diocèse de Lyon 1882-1894.

25 vol. reliés.

292 — Mémoires du sieur de Pontis.

Paris, libraires associés 1756. 2 vol. reliés.

293 — Lettres écrites de Suisse, d'Italie et de Sicile, par J. M. ROLLAND.

An VII. 2 vol. reliés.

294 — Mémorial de la Révolution française 1828.

2 vol. reliés.

295 — Vie de Xavier de Ravignan.

Paris 1860. 2 vol. reliés.

296 — Dictionnaire de l'Architecture française, par VIOLLET-LE-DUC.
Paris 1868. 10 vol. reliés.

297 — L'Histoire de Saint Louis par le SIRE DE JOINVILLE.
Paris, A. Le Clerc 1867. 1 vol. relié.

298 — Histoire de Francs par GRÉGOIRE DE TOURS et FREDIGAIRE.
Traduction de Michel GUIZOT.
Paris, Didier et Cie 1861. 2 vol. reliés.

299 — Dictionnaire du Mobilier français, par VIOLET-le-DUC.
Paris, Bance 1848. 6 vol. reliés.

300 — Les Médailleurs italiens des XVe et XVIe siècles, par Alfred ARMAND.
Paris Plon 1883. 3 vol. reliés.

301 — Revue numismatique 1883-89.
Paris Rollin et Feuardent.

302 — Vie de la reine Anne de Bretagne, par LE ROUX DE LINAY.
Paris Curner 1860, 4 vol. reliés.

303 — Bulletin de la Société historique et archéologique de la Corrèze.
Brive, 16 vol. reliés.

304 — Histoire des Grecs, par V. DURUY.
Paris, Hachette 1889. 3 vol. reliés,

305 — Dictionnaire des Arts décoratifs, par Paul Roaix.

Paris, librairie illustrée. 1 vol. relié.

306 — Histoire des poteries, faïences et porcelaines, par Maryat.

Paris, Renouard 1866. 2 vol. reliés.

307 — L'Ordre de Saint Jean de Jérusalem, par Vayssière.

Limoges 1888, 1 vol. relié.

308 — Structure et fonctions du corps humain, par Withowski.

Paris, Louwerins 1877. 1 vol. relié.

309 — Histoire de Saint-Vincent de Paul, par Mgr Bougaud.

Paris, Poussielgue 1889. 2 vol. reliés.

310 — Les vertus et les grâces des bêtes, par E. Mouton.

Tours, Mame 1895. 1 vol. relié.

311 — L'Art National, par Henri du Clusiout.

Paris, Pilon 1883. 2 vol. reliés.

312 — Précis de l'histoire du moyen-âge, par l'abbé Drioux.

Paris, Eug. Belin 1848. 1 vol. reliés.

313 — Enseignement de l'Histoire et de la Géographie, par l'abbé DRIOUX.

Paris, Eug. Belin 1848. 1 vol. relié.

314 — Mycènes, par Henri SCHLIEMANN.

Paris, Hachette 1879. 2 vol. reliés.

315 — La Terre, par Élisée RECLUS.

Paris, Hachette 1879. 1 vol. relié.

316 — Géographie Universelle, par Élisée RECLUS.

Paris, Hachette 1874. 2 vol. reliés.

317 — De la rareté et du prix des médailles romaines, par MONET.

Paris, Aug. Aubry 1858. 2 vol. reliés.

318 — Le Christianisme et les temps présents, par Mgr BOUGAUD.

Paris. Poussielgue 1891. 4 vol. reliés.

319 — Lacordaire, par le Révérend Père CHOCARNE.

Paris, Poussielgue 1886. 2 vol. reliés.

320 — Vie de Monsieur de Courson.

Paris, Poussielgue 1879. 1 vol. relié.

321 — Histoire de Sainte-Monique.

Paris, Poussielgue 1888. 1 vol. relié.

322 — Vie de la Sœur Rosalie, par le vicomte DE MELUN.
Paris, Poussielgue, 1885. 1 vol. relié.

323 — Histoire du diocèse de Tulle, par l'abbé POULBRIÈRE.
Tulle, 1884. 1 vol. relié.

324 — Dictionnaire historique des personnages d'Auvergne.
Clermont-Ferrand, 1836. 2 vol. reliés.

325 — Observations sur l'histoire de France, par l'abbé DE MABLY.
Genève, 1765. 2 vol. reliés.

326 — Journal de la Commune.
Paris, Garnier, 1872. 2 vol. reliés.

327 — La Bible, 1827.
1 vol. relié.

328 — Description des objets d'art.
Librairie Archéologique, 1847. 1 vol. relié.

329 — Recueil des Inscriptions du Limousin.
Poitiers, 1851. 1 vol. relié.

330 — Les médailles des rois et reines de France, 1635.
1 vol. relié.

331 — La Minerve (recueil).
Tulle. 1 vol. relié.

332 — Histoire des Communautés, des Arts et Métiers de l'Auvergne, par Bouillet.
Clermont-Ferrand, 1857. 1 vol. relié.

333 — Histoire d'un Hôtel de Ville et d'une Cathédrale, par Viollet-le-Duc.
Paris, Hetzel. 1 vol. relié.

334 — Histoire des Papes, par Baptistin Poujoulat.
Paris, Adrien Le Clerc 1862. 2 vol. reliés.

335 — Histoire des campagnes 1814-1815.
5 vol. reliés.

336 — L'abbé Dubois, par le comte Seihac.
Paris, Amiot 1862. 2 vol. reliés.

337 — Les Etats provinciaux sous Charles VII, par A. Thomas.
Paris, Champion 1879. 2 vol. reliés.

338 — Correspondance du cardinal de Montesquieu.
1 vol. relié.

339 — Légendes du Nouveau Testament, par Collin de Blancy.
Paris, H. Pilon. 2 vol. reliés.

340 — Les Loyers de M. de Marchanzy.
Paris, 1822. 1 vol. relié.

341 — L'Architecture du midi de la France, par Henri Revoil.

Paris, Moillod 1873. 3 vol. reliés.

342 — L'Italie confédérée.

4 vol. reliés.

343 — Le Consulat et l'Empire, par Thiers.

Paris, Furne et Jouvet. 22 vol. reliés.

344 — Histoire de la République Française, par Thiers.

10 vol. reliés.

345 — La Semaine Religieuse du diocèse de Tulle de 1882-1892.

13 vol. reliés.

346 — Histoire de France, par Anquetil.

5 vol. reliés.

347 — Annuaire de la Société numismatique et archéologique.

Paris, 1887. 1 vol. relié.

348 — Grammaire des Arts du dessin, par Charles Blanc.

Paris, P. Renouart 1870. 1 vol. relié.

349 — Histoire des missions catholiques, par Henrion, 1847.

2 vol. reliés.

350 — Dictionnaire de l'Art de la Curiosité et du Bibelot, par Henri Bosc.
Paris, Firmin Didot 1883. 1 vol. relié.

351 — Histoire de la tapisserie, par JUIFFREY.
Tours, Mame 1886. 1 vol. relié.

352 — Grammaire des Arts décoratifs, par Ch. BLANC.
Paris, Renouart 1882. 1 vol. relié.

353 — L'Art intime et le goût en France, par L. BLONDEL.
Paris, Rouveyre 1884. 1 vol. relié.

354 — L'Art dans la maison, par H. HAVARD.
Paris, Rouveyre 1884. 1 vol. relié.

355 — Les Chroniqueurs de l'histoire de France, par Mme DE WYTT, née GUIZOT.
Paris, Hachette. 4 vol. reliés.

356 — Histoire des Romains, par V. DURUY.
Paris, Hachette 1879. 7 vol. reliés.

357 — Histoire de France, Magasin pittoresque, 1872.
2 vol. reliés.

358 — Sainte-Cécile et la Société romaine, par GUÉRANGER.
Paris, Firmin-Didot, 1875. 3 vol. reliés.

359 — Sciences et lettres au Moyen-Age, par Paul LACROIX.

Paris, Firmin-Didot, 1877. 3 vol. reliés.

360 — Institutions, usages et coutumes au XVIIe siècle, par Paul LACROIX.

Paris, Firmin-Didot, 1880. 1 vol. rélié.

361 — Institution, usages et coutumes au XVIIIe siécle, par Paul LACROIX.

Paris, Firmin-Didot, 1880. 1 vol. relié.

362 — Mœurs, usages et coutumes au Moyen-Age par Paul LACROIX.

Paris, Firmin-Didot, 1880. 1 vol. relié.

363 — Le Monde de la Mer, par Alfred FREDOL.

Hachette, 1866. 1 vol. relié.

364 — Histoire de l'art dans l'antiquité, par PERROT et CHIPPIEZ.

Paris, Hachette, 1885. 5 vol reliés.

365 — Paris pendant le siège par DALSÈME.

Paris, Dentu, 1871. 1 vol. reliés.

366 — Monnaies féodales de France, par Faustin POCY D'AVANT.

Revue numismatique, 1862. 3 vol. reliés.

367 — Versailles. Salle des Croisades. Armoiries, par GAVARD.

1 vol. relié.

368 — Cartulaire de l'abbaye de Beaulieu en Limousin, par Maximin DELOCHE.
Paris, Imp. Impériale, 1859. 1 vol relié.

369 — Dictionnaire de l'Ameublement et de la Décoration, par H. HAVARD.
Imp. Quantin. 4 vol. reliés.

370 — Essai historique et critique sur les monnaies d'argent de la ligue achéenne, par COUSINERY.
Paris, Renouart, 1828. 1 vol relié.

371 — Nobilaire de Limoges.
Limoges, 1856. 2 vol. reliés.

372 — Physiologie humaine, par le Dr Gustave LEBON.
Paris, Rotschild, 1872. 1 vol. relié.

373 — Pompéi et Herculanum, par E. BRETON.
Paris, 1855. 1 vol. relié.

374 — Histoire de l'Ancien Testament.
Paris, 1839. 2 vol. reliés.

375 — Notice sur les monnaies de Mâcon, par CHARVET.
Bruxelles, 1866. 1 vol. relié.

376 — Encyclopédie des Arts plastiques, par Auguste DEMUN.
Paris, Furne et Jouvet. 3 vol. reliés.

377 — Les Médaillons de l'Empire romain, par FROEHNER.
Paris, Rotschild. 1878. 1 vol. relié.

378 — Essai sur les Eglises Romanes, par MALLAY.
Moulins, 1841. 1 vol. relié.

379 — Les œuvres du Bienheureux François de Sales.
1 vol. relié.

380 — Acta S. Theresiæ A. Jean Carmelitarum.
Bruxelles, 1845. 1 vol. relié.

381 — Traité des Armoiries, par M. DE MAGNY.
1 vol. relié.

382 — Discours sur la religion des anciens Romains.
1 vol. relié.

383 — Histoire de la maison de Boseredon, par TARDIEU.
1 vol. relié.

384 — L'Art japonais, par GONSE.
Paris, Quantin. 2 vol. reliés.

385 — Histoire de la ville de Clermont-Ferrand, par A. TARDIEU.
Moulins, 1870. 2 vol. reliés.

386 — Le Concile œcunémique de Rome.

Paris, Lemercier. 8 volumes en livraison, couverture cartonnée.

387 — Trésor de numismatique.

Paris, Goupil, 1834 2 vol. reliés.

388 — Les Chefs-d'œuvre de la peinture itatienne, par Paul MANTZ.

Firmin Didot, 1870. 2 vol. reliés.

389 — La Messe (étude archéologique sur ses manuscrits, par BOUHAULT DE FLEURY.

Paris, Morel, 1883. 13 vol.

390 — Les Médailles de Léon XIII.

Vol. italien.

391 — Histoire généalogique des Tardieu, par TARDIEU, 1893.

1 volume relié.

392 — Ouvrage sur les médailles.

Bruxelles, 1840. 1 vol.

393 — Recherches sur les Empereurs (ouvrage sur les médailles), par J. DE WITT.

Imp. Thunot, 1864. 1 vol.

394 — Dictionnaire géographique de la France, par JOANNE.

Paris, Hachette, 1869. 1 vol. relié.

395 — Cœis Plinis cæulii secundi épistolarum.

Amsterdam. Très belle édition, riche reliure.

396 — Recherches physiques sur le feu, par MARAT, 1780.

1 vol. relié.

397 — Annuaire Encyclopédique.

Paris, 1861. 1 iol.

398 — Tableau synchronique et universel de la vie des peuples, par l'abbé Augustin MICHEL.

Bar-le-Duc, 1773. 1 vol.

399 — Dictionnaire français, par DUPUY DE VOREPIERRE.

Calmann Lévy, 1881. 2 vol.

400 — Questions politiques.

1 vol.

Roland furieux.

3 vol.

Fléchier.

1 vol.

Histoire de Charles VII.

1 vol.

Histoire des auteurs profanes.

vol.

400 *bis* — Traité des études et décadence des lettres.
1 vol.

La Henriade.
1 vol.

Ovide.
1 volume.

Histoire des Auguste.
1 volume.

Théâtre de Lamel.
1 volume.

Les Saisons de Saint-Lambert.
1 volume.

Code Romain.
1 volume.

Histoire du Portugal.
1 volume.

Le Tasse.
1 volume.

Virgile.
1 volume.

Télémaque.
1 volume.

401 — Tacite, édition Elzévirienne.

Géographie Universelle 1682.
1 volume.

Condamnation du Quiétinne.
1 volume.

Juvénal. 1664.
1 volume.

402 — La vie des savants du moyen âge par Louis FIGUIER.
Paris, 1867.

403 — Histoire de l'Inde Vidique par M. FONTANE.
1 volume.

404 — Monographie et Histoire de la ville de Saint-Étienne, par V. JANESSON.
1 volume.

405 — Voyage autour du monde par E. CHARTON.
Hachette, 1 volume.

406 — La légende merveilleuse de Monseigneur Saint-Yries.
1 volume.

La légende de Montfort la Casse.
Paris, Leroux, 1 volume.

407 — Bibliothèque de l'enseignement des Beaux-Arts.
Quantin, 23 volumes.

408 — L'habitation humaine par CH. GARNIER.

Hachette, 1 volume.

La ferronnerie ancienne et moderne par LIGIER.

Libr. Baudry, 2 volumes.

Les grandes usines en France par TURGAN.

Michel-Lévy, 1 volume.

Mémoire justificatif. Pont sur la Manche.

1 volume.

Orfèvrerie et émaillerie en Limousin.

1 volume.

De la Poterie Gauloise, par H. DUCLOUZIOUX.

1 volume.

Guide de l'amateur des faïences et porcelaines.

2 volumes.

409 — Nombreux ouvrages brochés sur l'archéologie, la géologie et la linguistique sur le Limousin.

24 volumes.

410 — Ouvrages sur la numismatique.

15 volumes.

411 — Ouvrages sur les armoiries et blasons, notes sur les manuscrits.

8 volumes.

412 — Les Iraniens.

Rome.

Le Christianisme.

Les Asiatiques.

Les Égyptes.

Les Grecs.

Athènes, par Marius FONTANES.

Alph. Lemerre, édit. 8 volumes.

413 — Ouvrages sur l'Auvergne et le Limousin.

15 volumes.

414 — La Fondation de la France, IVe et VIe siècle.

1 volume.

Clovis et les origines de la France chrétienne.

1 volume.

Voyages d'un missionnaire à Su-Tchuen (Chine).

1 volume.

Louis XII et Anne de Bretagne.

Paul Lacroix. 4 volumes.

415 — Philippe V et la Cour de France, par Alfred BAUDRILLAT.

Firmin Didot. 1 volume.

Le Régent, l'abbé Dubois et les Anglais.

Hachette. 1 volume.

Correspondance de Louis Veuillot.

5 volumes.

416 — Nobiliaire Universel de France par SAINT-ALLAIN.

Paris, Bachelier. 40 volumes.

417 — Rome au temps d'Auguste, par DEZOBRY.

Paris, E. Garnier. 4 volumes.

418 — Dictionnaire nobiliaire d'Auvergne, par BOUILLET.

7 volumes.

419 — Le règne de l'électricité, par G. BONNEFONDS.

1 volume.

Chefs-d'œuvre des Arts industriels, par BARTY.

1 volume.

Deux ouvrages sur les faïences.
4 volumes.

420 — Œuvres de Barbier de Montault.
14 volumes.

421 — Les « Borgia », par Ch. Yriarte.
Rome souterraine, par P. Allard.
3 volumes.

422 — Lettres intimes de J. M. Alberoni, par E. Bourgeois.
Masson. 1 volume.

Esquisse historique sur le maréchal Brune.
2 volumes.

Connais-toi toi-même, par Louis Figuier.
1 volume.

Dessins et Estampes.

Collection Firmin Didot.
5 volumes.

423 — Vie des Savants, par Louis Figuier.
3 volumes.

424 — Code de la noblesse française.
1 volume.

La Vicomté de Turenne.
1 volume.

Dictionnaire des fiefs.
1 volume.

Chateaugay et ses seigneurs.
1 volume.

Dictionnaire des Institutions de la France.
1 volume.

425 — Fouilles faites à Carnac, par Jones Miln.
1 volume.

Géologie expérimentale, par Daubrie.
1 volume.

Géologie de la France, par Binat.
1 volume.

Traité des minéraux, par Binat.
1 volume.

Deux volumes sur la géologie.

426 — Annuaire Encyclopédique.
3 vol.

Les Tribunaux criminels en Auvergne.
1 vol.

Les Etats-Unis de Colombie.
1 vol.

L'Ecole de Lyon.
1 vol.

Le Monde héraldique.
1 vol.

Annuaire du Conseil héraldique de France.
1 vol.

Les Élections en 1863.
1 vol.

427 — Allégories et symboles, par M. DE VYSSAC.
1 vol.

Louis XVIII et le duc Decazes.
Ernest Daudet. 1 vol.

Portraits littéraires.
Léon Gautier. 1 vol.

Merveilles limousines, par VERLAC.
1 vol.

Les Morticoles.
Léon Daudet. 1 vol,

L'Année politique de 1895.
1 vol.

Théâtre de Labiche.
1 vol.

428 — La Vie des Saints.

2 vol.

429 — Dictionnaire historique de la France, par LALANNE.

1 vol.

430 — Code Français.

Tripier. 1 vol.

431 — Dictionnaire des arts et manufactures, par LABOULAYE.

4 vol.

432 — Atlas historique et géographique, par BOUILLET.

1 vol.

433 — Dictionnaire des antiquités chrétiennes.

1 vol.

434 — Dictionnaire de biographie et d'histoire des antiquités.

Dezoby et Bachelet. 1 vol.

435 — Dictionnaire des contemporains, par VAPEREAU.

1 vol.

436 — Dictionnaire des lettres et des beaux-arts.

Dezoby et Bachelet. 1 vol.

437 — Traité de la vraie religion.

1 vol.

438 — Dictionnaire des communes.

1 vol.

439 — Œuvres de Saint-Augustin.

33 vol.

440 — Dictionnaire de médecine.

2 vol.

441 — Histoire théologique.

28 vol.

442 — Histoire sacrée.

21 vol.

443 — Théologie morale.

9 vol.

444 — Dictionnaire historique du Cantal.

5 vol.

445 — Les institutions liturgiques.

3 vol.

446 — Dictionnaire de l'Académie.

2 vol.

447 — Histoire du pape Innocent III.

2 vol.

448 — Arrêts et remarques du Parlement de Toulouse.

2 vol.

449 — Explication des médailles du chevalier Esliéger.

Ed. à Bâle, 1768. 1 vol.

450 — Discours sur les monuments publics.

Imp. Royale, 1775. 1 vol.

451 — Opus Catechistieura.

Ouvrage bien conservé, avec reliure en parchemin, anno MDCVI. 1 vol.

452 — Dictionnaire des cas de conscience.

Paris, 1783. 5 vol.

453 — Table chronologique de l'état du christianisme.

Ouvrage rare. Imp. à Lyon par Claude Cagne. 1 vol.

454 — Les lois civiles et le droit public.

Paris, 1745. 1 vol.

455 — Missel de Limoges.

Limoges, 1738. 2 vol.

456 — Divi Bernardi,.....

Imp. en 1572. Ouvrage bien conservé, belle reliure.

457 — Decretalis de Gregoria Papax IX, par Raymond de PARNAFORT.

(MDCXXI).

458 — R. Patris Thomae Sanchez.

Cordubuisis e societato Jesu, 1691.

459 — Sanctè Ambrosié Madiolamanis. Epis copi Opéra,.....

Joannis Babtista Cognard. M. DCLXXXVI. 2 vol.

460 — S. P. N. Justini philosophi et martyris, opera q. une exstant omnia.

Paris-Caroli Osmont MDCCXLII. 2 vol.

461 — Magni Aureli Cassiodoni senatorio,.....

Antonini Degallier MDCCXXIX. 2 vol.

Corpus Ivris civilis Justianei.

Londres 1627. 1 vol.

462 — Mémoire statistique du département du Doubs, an XII.

463 — Capitularia Reguna Francorum.

Paris, MLCLXXVII. 2 vol.

464 — Le cabinet de la bibliothèque Sainte-Geneviève.

Paris, chez Ant. Dezallier. 2 vol.

465 — Summa Beccaria.

1 vol.

466 — Summa Theologia,.....

Joannis Baptista Devent MDCLV. 1 vol.

467 — Septini Florentin Tertuliani.

Carthaginiensis MDLXXXIIII. 1 vol.

468 — Scriptores Historiæ Romanæ.

Anno CCXLIII. 2 vol.

469 — Histoire généalogique de la maison d'Auvergne.

2 vol.

470 — Splendore dell antica e moderna Roma.

MDCXLI. 1 vol.

471 — Histoire ecclésiastique.

36 vol.

472 — — Universelle.

45 vol.

473 — Œuvres de Saint-Bernard.

6 vol.

474 — — Bossuet.

12 vol.

475 — Les costumes d'Auvergne.

1 vol.

476 — Dialoghi Didon Antoni.

Agostini, Roma 1572. 1 vol.

477 — Collection des orateurs sacrés.

16 vol.

478 — Œuvres de Bourdaloue.

4 vol.

479 — Bibliographie Universelle de Michaut.

45 vol.

480 — Histoire Universelle de l'Église catholique.

16 vol.

481 — Vingt volumes ouvrages religieux.

482 — Recueil de nombreuses gravures. Vues de Rome.

483 — Quatre bréviaires.

484 — Histoire des souverains pontifes.

Les Commentaires de César.

4 vol.

Historia Tutelencis.

1 vol.

485 — Un lot de livres anciens.

486 — — modernes.

---

487 — Un album de timbres-postes
Sera divisé.

MONNAIES ET MÉDAILLES

488 — Collection de 200 médailles russes, en bronze, commémoratives des hauts faits de Catherine II.

Collection faite par Romme, le conventionnel professeur à la cour de Russie du prince Paul Ostrogonoff en 1786.

489 — Monnaies Impériales Romaines.
13 pièces argent.
45 — en bronze.

490 — Monnaies Impériales Romaines.
12 pièces argent.
49 — en bronze.

491 — Monnaies Impériales Romaines.
15 pièces argent.
44 — en bronze,

492 — Monnaies Romaines.
République Impériale Romaine.
61 pièces bronze.

493 — Monnaies Romaines. Septine Severe Galleinus.

59 pièces.

494 — Monnaies Romaines du règne d'Antonin et Domiuanus.

58 pièces bronze.

495 — Deux médailliers monnaies Romaines de Claudius Augustus.

318 pièces.

496 — Monnaies Romaines du règne de Gallienus Maximains Posthunus.

135 pieces.

497 — Monnaies Romaines du règne de Gallienus.

153 pièces bronze.

498 — Monnaies des familles Romaines.

15 pièces argent.
25 — en bronze.

499 — Statère d'or au bige de Philippe Ier roi de Macédoine.

500 — Centre Pictare an 80 av. J.-C. Au revers cheval.

501 — Une pièce or. 14 Driès. Aug. Cesar.

502 — — Dominicien.

503 — — Néron.

504 — — Centre pictare.

505 — — Titus.

506 — — Époque Mérovingienne

507 — — Senone de 59 av. J.-C.

508 — Monnaies Impériales Romaines.
40 pièces bronze.

509 — Neuf pièces bronze de l'époque de Valentinien.

510 — Six pièce argent de Gordan le Pieu et Philippe l'Arabe.

511 — Quatre-vingts pièces Romaines, argent et bronze.

512 — Cinq pièces d'or Espagnoles (Charles-Quint).

513 — Médaillier contenant trente pièces bronze (règne de Charles-Quint).

514 — Diverses pièces argent et bronze.

515 — Monnaies Royales de France, règnes de Henri IV et Louis XIII.

2 pièces en or.
18 — argent.
22 — bronze.

516 — Règne de Louis XIV.

2 pièces en or.
40 — d'argent.
10 — bronze.

517 — Monnaies féodales de France sous les rois de la 2e et 3e race.

3 pièces en or.
95 — argent.
12 — bronze.

518 — Monnaies du Saint Empire.

7 pièces en or.
37 — argent.
3 — bronze.

519 — Monnaies du règne de Louis XVI et de la 1re République.

4 pièces en argent.
35 — bronze.

520 — Monnaies Royales de France, règne de Louis XV et Louis XVI.

2 pièces en or.
40 — argent.
3 — bronze.

521 — Monnaies Pontificales.

1 pièce en or.
17 — argent.
45 — bronze.

522 — Médailles du règne de Louis XIV.

65 pièces en bronze.

523 — Médailles politiques de 1830 à 1880.

55 médailles en bronze.

524 — Médailles et jetons de France Louis XV

4 pièces en argent.
41 — bronze.

525 — Médailles de France de Henri IV à Napoléon.

4 pièces en argent.
41 — en bronze.

526 — Monnaies des rois de France, depuis l'an 1300 jusqu'à 1600.

26 pièces en or.
192 — argent.
40 — bronze.

527 — Carton de monnaies Romaines, onces sextances.

7 pièces en argent.
71 — bronze.

528 — Jetons et médailles.

7 pièces en argent.
20 — bronze.

529 — Environ 800 pièces argent et bronze de tous les pays d'Europe, Etats-Unis et Chine.

250 pièces en argent.
350 — bronze.

530 — Antonin le Pieux.

Pièce argent.
Revers Taureau.

531 — Pièces, sous et médailles Louis XVI et 1re République.

532 — Six cents pièces non classées en bronze.

533 — Cinquante-deux pièces non classées en argent.

534 — Pièces romaines en bronze.

535 — Une pièce romaine en argent.

Sevdo, 1853.

536 à 546. — Lot de médailles et objets divers.

MEUBLES

547 — Une vitrine d'exposition à quatre compartiments.

548 — Une bibliothèque en chêne.

549 — Objets omis.

www.ingramcontent.com/pod-product-compliance
Ingram Content Group UK Ltd.
Pitfield, Milton Keynes, MK11 3LW, UK
UKHW020352180726
13839UKWH00003B/1047

9 782329 524368